Viel Glück!

Viel Glück!

Gedichte, Gedanken, Geschichten

RECLAM

2022 Philipp Reclam jun. Verlag GmbH,
Siemensstraße 32, 71254 Ditzingen
Umschlaggestaltung: zero-media.net
Umschlagabbildung: FinePic®
Druck und buchbinderische Verarbeitung:
CPI books GmbH, Birkstraße 10, 25917 Leck
Printed in Germany 2022
RECLAM ist eine eingetragene Marke
der Philipp Reclam jun. GmbH & Co. KG, Stuttgart
ISBN 978-3-15-011391-2
www.reclam.de

Inhalt

»Das höchste aller Güter«
Über das Wesen des Glücks

»Das, worum du dich bemühst, möge dir gelingen«

Wünsche und Ratschläge

»Wohl dem, der sich vergnüget«
Über die Freude und das Vergnügen

Man sollte nicht sprechen von der Kunst, glücklich zu sein, sondern von der Kunst, sich glücklich zu fühlen.

Marie von Ebner-Eschenbach

»Das höchste aller Güter«

Über das Wesen des Glücks

Genieß die Gegenwart mit frohem Sinn,
Sorglos, was einst die Zukunft bringen werde;
Nimm auch den bittern Kelch mit Lächeln hin, –
Vollkommen ist kein Glück auf dieser Erde.

Horaz

Ein Rezept fürs Glück

Man nehme 12 Monate, putze sie ganz sauber von Bitterkeit, Geiz, Pedanterie und Angst und zerlege jeden Monat in 30 oder 31 Teile, so dass der Vorrat genau für 1 Jahr reicht. Es wird jeder Tag einzeln angerichtet, aus 1 Teil Arbeit und 2 Teilen Frohsinn und Humor. Man füge 3 gehäufte Esslöffel Optimismus hinzu, 1 Teelöffel Toleranz, 1 Körnchen Ironie und 1 Prise Takt. Dann wird die Masse sehr reichlich mit Liebe übergossen! Das fertige Gericht schmücke man mit Sträußchen kleiner Aufmerksamkeiten und serviere es täglich mit Heiterkeit und einer guten Tasse Tee.

Glück, so einfach

Ich könnte heute noch im Walde wie ein Knabe spielen: Aus Steinen und Holzstücken Häuser bauen, mit dürren Zweiglein Straßen abstecken und Haine bilden, einen Felsblock zum Range eines Alpengipfels erheben und einem Hirschkäfer und seiner Frau die Herrschaft über das alles verleihen. Und dieses kleine Reich würde mich glücklicher machen und meine Phantasie umständlicher erregen und beschäftigen – als ein noch so großes der Wirklichkeit. So habe ich einmal, mit 35 Jahren, acht Tage am Strande von Sylt mit Bauen und Zimmern einer Strandhütte verbracht und war wohl selten so von Herzen froh, wie bei diesem harmlosen Spiel.

Ich wollt das Lied des Herzens nicht verschweigen

Ich wollt das Lied des Herzens nicht verschweigen.
Ich wollt es jubelnd zu den Menschen schmettern,
Die bleich am Baume der Erkenntnis klettern,
Das Glück vermutend in den kahlen Zweigen.

Ich wollt sie rufen zu den breiten Küsten,
An die des Meeres Wellen silbern schlagen.
Ich wollt sie lehren, leichte Schultern tragen
Und freien Sinn in übermütigen Brüsten.

Ich stoß ins Horn. Noch einmal. – Doch ich staune:
Die Menschen lachen, die ich wecken wollte,
Als ob ein Misston in die Lüfte rollte. –
Es muss ein Sandkorn sein in der Posaune.

HUGO SALUS

Das Märchen vom Glück

Das Märchen vom Glück, das ich euch sag,
Dauert gerad einen Herzensschlag;
Dürft drum mein Märchen nicht töricht schelten,
So tief ihr's fasst, so tief wird's euch gelten!
Und dies ist mein Märchen:
                            Das echte Glück
Bleibt nur gerad einen Augenblick.
Einmal hat's einer am Ärmel genommen
Und hielt's gefangen in seinem Haus,
Da hat es grau-graue Haare bekommen;
Und wie das Glück graue Haare bekommen,
Da sah es genau wie das Unglück aus …
Mein Märchen, es dauert so lang wie das Glück:
Einen Herzensschlag; einen Augenblick.

Das höchste aller Güter

Kehren wir also zu unserem Ausgangspunkt zurück: Wenn jedes Erkennen und jedes Vorhaben irgendein Gut zum Ziel hat, was können wir dann als das Ziel der Wissenschaft vom Staat bezeichnen und was ist das höchste aller Güter des praktischen Handelns? In der Benennung sind sich die meisten so ziemlich einig. Sowohl die breite Masse als auch die Gebildeten nennen es Glück und unterstellen dabei, gut leben und sich wohl befinden wäre dasselbe wie glücklich sein. Was aber das Wesen des Glückes ist, darüber gehen die Meinungen auseinander, und die breite Masse urteilt darüber ganz anders als die Gebildeten. Die einen halten es für etwas Handgreifliches und Offenkundiges, wie Lust, Reichtum oder Ehre, wobei jeder etwas anderes darunter versteht; oft aber hält auch ein und derselbe Mensch das Glück bald für das eine, bald wieder für etwas anderes; ist er krank, ist für ihn die Gesundheit Glück, ist er arm, dann der Reichtum; da sie sich dessen bewusst sind, dass sie nicht wissen, was denn das Glück sei, bewundern sie solche, die darüber große, ihnen unverständliche Worte machen. Einige aber meinten, es gebe neben diesen vielen Gütern noch ein anderes Gut an sich, das auch für alle diese die Ursache dafür sei, dass sie gut sind. Alle diese Meinungen zu prüfen, dürfte sich nicht lohnen; es genügt wohl, wenn nur die am meisten verbreiteten und einigermaßen vernünftigen Berücksichtigung finden.

Die Kunst, Glück zu haben

Es gibt Regeln des Glücks, für den Weisen besteht es
nicht nur aus Zufällen; es kann durch Bemühung be-
fördert werden. Manche sind damit zufrieden, sich
frohen Muts am Tor des Glücks einzufinden und dar-
auf zu warten, dass es handelt. Besser tun andere, sie
gehen weiter und vertrauen der klugen Kühnheit, die
mit den Flügeln ihrer Tugend und ihres Muts das
Glück erreichen und ihm wirksam schmeicheln kann.
Aber philosophisch recht gesehen gibt es kein Ermes-
sen als das der Tugend und Aufmerksamkeit, denn es
gibt nicht mehr Glück oder Unglück als Klugheit oder
Unklugheit.

Loslassen können, während man
vom Glück profitiert

Das gehört zu Spielern von Ruf. Ein schöner Rückzug
ist so wichtig wie ein kühner Vorstoß; seinen Taten
ein Ende setzen, wenn sie hinreichend, wenn sie zahl-
reich sind. Fortgesetztes Glück war immer verdächtig;
sicherer ist ein unterbrochenes, und sein Genuss soll
etwas Süßsaures haben. Je mehr sich Glücksfälle über-
stürzen, desto größer das Risiko, dass sie von der

Bahn abkommen und alle stürzen. Manchmal wiegt die Intensität des günstigen Moments seine kurze Dauer auf. Das Glück wird müde, einen lange auf den Schultern zu tragen.

Nicht mit dem Glück prahlen

Mehr verletzt es, die Würde hervorzuheben als die Person. Sich inszenieren ist verhasst, es war genug, beneidet zu werden. Ansehen gewinnt man umso weniger, je mehr man es sucht, es hängt von der Achtung der anderen ab; und so kann man es sich nicht nehmen, sondern von den anderen verdienen und dann erwarten. Die großen Ämter verlangen ihrer Ausübung entsprechende Autorität, ohne die kann man sie nicht mit Würde ausüben: Man soll zur Erfüllung des wesentlichen Teils seiner Verpflichtungen diejenige bewahren, die man verdient; sie nicht erzwingen, aber fördern. Und all die, welche sich in ihrem Amt inszenieren, zeigen an, dass sie es nicht verdienten und dass die Würde nur angefügt ist. Wer auf seinem Wert bestehen will, soll dies mehr mit seinen herausragenden Fähigkeiten tun als mit Zufälligkeiten; auch einen König soll man mehr wegen seiner persönlichen als wegen seiner äußerlichen Herrschaft verehren.

Glück

Glück ist die nachträgliche Erfüllung eines prähistorischen Wunsches. Darum macht Reichtum so wenig glücklich; Geld ist kein Kinderwunsch gewesen.

Man gewöhnt sich allmählich an eine neue Einsicht in das Wesen des »Glücks«. Glück ist dann anzunehmen, wenn das Schicksal nicht alle seine Drohungen gleich verwirklicht.

Sich recht anschauend vorzustellen zu lernen, dass niemand vollkommen glücklich ist, ist vielleicht der nächste Weg, vollkommen glücklich zu werden. Es [ist] freilich niemand ganz glücklich, allein es sind sehr große Stufen in unserm Leiden und das ist das Übel.

Georg Christoph Lichtenberg

Zufrieden sein ist große Kunst,
Zufrieden scheinen bloßer Dunst,
Zufrieden werden großes Glück,
Zufrieden bleiben Meisterstück.

Deutsches Sprichwort

Theoretisch gibt es eine vollkommene Glücksmöglichkeit: An das Unzerstörbare in sich glauben und nicht zu ihm streben.

Franz Kafka

Der ist der glücklichste Mensch, der das Ende seines Lebens mit dem Anfang in Verbindung setzen kann.

Johann Wolfgang Goethe

JOHANN ELIAS SCHLEGEL

Die Kunst, glücklich zu sein

Ein Freund des Spottens sein und doch nicht
    Feinde haben;
Gern einsam in sich gehn, doch nicht sich selbst
    begraben;
Im Lieben voller Glut und dennoch ohne Pein;
Im Scherz voll Munterkeit und doch bedachtsam sein;
Der Sorg entgegengehn und doch sich niemals grämen;
Dem Weine günstig sein, doch nicht sich
    übernehmen;
Nach Ehre sich bemühn, doch ohne Stolz und Dunst:
Dies ist das größte Glück und auch die größte Kunst.

Aufsatz, den sichern Weg des Glücks zu
finden, und ungestört, auch unter den größten
Drangsalen des Lebens, ihn zu genießen!

An Rühle

Wir sehen die Großen dieser Erde im Besitze der Gü-
ter dieser Welt. Sie leben in Herrlichkeit und Über-
fluss, die Schätze der Kunst und der Natur scheinen
sich um sie und für sie zu versammeln, und darum
nennt man sie Günstlinge des Glücks. Aber der Un-
mut trübt ihre Blicke, der Schmerz bleicht ihre Wan-
gen, der Kummer spricht aus allen ihren Zügen.

Dagegen sehen wir einen armen Tagelöhner, der im
Schweiße seines Angesichts sein Brot erwirbt; Mangel
und Armut umgeben ihn, sein ganzes Leben scheint
ein ewiges Sorgen und Schaffen und Darben. Aber die
Zufriedenheit blickt aus seinen Augen, die Freude lä-
chelt auf seinem Antlitz, Frohsinn und Vergessenheit
umschweben die ganze Gestalt.

Was die Menschen also Glück und Unglück nen-
nen, das sehn Sie wohl, mein Freund, ist es nicht im-
mer; denn bei allen Begünstigungen des äußern Glü-
ckes haben wir Tränen in den Augen des Erstern, und
bei allen Vernachlässigungen desselben, ein Lächeln
auf dem Antlitz des andern gesehen.

28   Wenn also die Regel des Glückes sich nur so unsicher auf äußere Dinge gründet, wo wird es sich denn sicher und unwandelbar gründen? Ich glaube da, mein Freund, wo es auch nur einzig genossen und entbehrt wird, im *Innern*.

Irgendwo in der Schöpfung *muss* es sich gründen, der Inbegriff *aller* Dinge *muss* die Ursachen und die Bestandteile des Glückes enthalten, mein Freund, denn die Gottheit wird die Sehnsucht nach Glück nicht täuschen, die sie selbst unauslöschlich in unsrer Seele erweckt hat, wird die Hoffnung nicht betrügen, durch welche sie unverkennbar auf ein für uns mögliches Glück hindeutet. Denn glücklich zu sein, das ist ja der erste aller unsrer Wünsche, der laut und lebendig aus jeder Ader und jeder Nerve unsers Wesens spricht, der uns durch den ganzen Lauf unsers Lebens begleitet, der schon dunkel in dem ersten kindischen Gedanken unsrer Seele lag und den wir endlich als Greise mit in die Gruft nehmen werden. Und wo, mein Freund, kann dieser Wunsch erfüllt werden, wo kann das Glück besser sich gründen, als da, wo auch die Werkzeuge seines Genusses, unsre Sinne liegen, wohin die ganze Schöpfung sich bezieht, wo die Welt mit ihren unermesslichen Reizungen im kleinen sich wiederholt?

Da ist es ja auch allein nur unser Eigentum, es hangt von keinen äußeren Verhältnissen ab, kein Tyrann kann es uns rauben, kein Bösewicht kann es stören, wir tragen es mit in alle Weltteile umher.

Wenn das Glück nur allein von äußeren Umständen, wenn es also vom Zufall abhinge, mein Freund, und wenn Sie mir auch davon tausend Beispiele aufführten; was mit der Güte und Weisheit Gottes streitet, kann nicht wahr sein. Der Gottheit liegen die Menschen alle gleich nahe am Herzen, nur der bei weitem kleinste Teil ist indes der vom Schicksal begünstigte, für den größten wären also die Genüsse des Glücks auf immer verloren. Nein, mein Freund, so ungerecht kann Gott nicht sein, es muss ein Glück geben, das sich von den äußeren Umständen trennen lässt, alle Menschen haben ja gleiche Ansprüche darauf, für alle muss es also in gleichem Grade möglich sein.

Lassen Sie uns also das Glück nicht an äußere Umstände knüpfen, wo es immer nur wandelbar sein würde, wie die Stütze, auf welcher es ruht; lassen Sie es uns lieber als Belohnung und Ermunterung an die Tugend knüpfen, dann erscheint es in schönerer Gestalt und auf sicherem Boden. Diese Vorstellung scheint Ihnen in einzelnen Fällen und unter gewissen Umständen wahr, mein Freund, *sie ist es in allen*, und es freut mich im Voraus, dass ich Sie davon überzeugen werde.

Wenn ich Ihnen so das Glück als Belohnung der Tugend aufstelle, so erscheint zunächst freilich das Erste als Zweck und das andere nur als Mittel. Dabei fühle ich, dass in diesem Sinne die Tugend auch nicht in ihrem höchsten und erhabensten Beruf erscheint, ohne darum angeben zu können, wie dieses Verhältnis zu ändern sei. Es ist möglich, dass es das Eigentum einiger wenigen schönern Seelen ist, die Tugend allein um der Tugend selbst willen zu lieben und zu üben. Aber mein Herz sagt mir, dass die Erwartung und Hoffnung auf ein menschliches Glück, und die Aussicht auf tugendhafte, wenn freilich nicht mehr ganz so reine Freuden, dennoch nicht strafbar und verbrecherisch sei. Wenn ein Eigennutz dabei zugrunde liegt, so ist es der edelste, der sich denken lässt, denn es ist der Eigennutz der Tugend selbst.

Und dann, mein Freund, dienen und unterstützen sich doch diese beiden Gottheiten so wechselseitig, das Glück als Aufmunterung zur Tugend, die Tugend als Weg zum Glück, dass es dem Menschen wohl erlaubt sein kann, sie nebeneinander und ineinander zu denken. Es ist kein bessrer Sporn zur Tugend möglich, als die Aussicht auf ein nahes Glück, und kein schönerer und edlerer Weg zum Glücke denkbar, als der Weg der Tugend.

Aber, mein Freund, er ist nicht allein der schönste und edelste – wir vergessen ja, was wir erweisen wollten, dass er der einzige ist. Scheuen Sie sich also umso weniger, die Tugend dafür zu halten, was sie ist, für die Führerin der Menschen auf dem Wege zum Glück. Ja mein Freund, *die Tugend macht nur allein glücklich*. Das was die Toren Glück nennen, ist kein Glück, es betäubt ihnen nur die Sehnsucht nach wahrem Glücke, es lehrt sie eigentlich nur ihres Unglücks vergessen. Folgen Sie dem Reichen und Geehrten nur in sein Kämmerlein, wenn er Orden und Band an sein Bette hängt und sich einmal als Mensch erblickt. Folgen Sie ihm nur in die Einsamkeit; das ist der Prüfstein des Glückes. Da werden Sie Tränen über bleiche Wangen rollen sehen, da werden Sie Seufzer sich aus der bewegten Brust emporheben hören. Nein, nein, mein Freund, die Tugend, und einzig allein nur die Tugend ist die Mutter des Glücks, und *der Beste ist der Glücklichste.*

Sie hören mich so viel und so lebhaft von der Tugend sprechen, und doch weiß ich, dass Sie mit diesem Worte nur einen dunkeln Sinn verknüpfen; Lieber, es geht mir wie Ihnen, wenn ich gleich so viel davon rede. Es erscheint mir nur wie ein Hohes, Erhabenes, Unnennbares, für das ich vergebens ein Wort suche, um es durch die Sprache, vergebens eine Gestalt, um es durch ein Bild auszudrücken. Und dennoch strebe ich ihm mit der innigsten Innigkeit entgegen, als stünde es klar und deutlich vor meiner Seele. Alles was ich davon weiß, ist, dass es die unvollkommnen Vorstellungen, deren ich jetzt nur fähig bin, gewiss auch enthalten wird; aber ich ahnde noch mehr, noch etwas Höheres, noch etwas Erhabeneres, und das ist recht eigentlich, was ich nicht ausdrücken und formen kann.

Mich tröstet indes die Rückerinnerung dessen, um wie viel noch dunkler, noch verworrener, als jetzt, in früheren Zeiten der Begriff der Tugend in meiner Seele lag, und wie nach und nach, seitdem ich denke, und an meiner Bildung arbeite, auch das Bild der Tugend für mich an Gestalt und Bildung gewonnen hat; daher hoffe und glaube ich, dass so wie es sich in meiner Seele nach und nach mehr aufklärt, auch dieses Bild sich in immer deutlicheren Umrissen mir darstellen, und je mehr es an Wahrheit gewinnt, meine Kräfte stärken und meinen Willen begeistern wird.

Wenn ich Ihnen mit einigen Zügen die undeutliche Vorstellung bezeichnen soll, die mich als Ideal der Tugend im Bilde eines Weisen umschwebt, so würde ich nur die Eigenschaften, die ich hin und wieder bei einzelnen Menschen zerstreut finde und deren Anblick mich besonders rührt, z. B. Edelmut, Menschenliebe, Standhaftigkeit, Bescheidenheit, Genügsamkeit etc. zusammentragen können; aber, Lieber, ein Gemälde würde das immer nicht werden, ein Rätsel würde es Ihnen, wie mir, bleiben, dem immer das bedeutungsvolle Wort der Auflösung fehlt. Aber, es sei mit diesen wenigen Zügen genug, ich getraue mich, schon jetzt zu behaupten, dass wenn wir, bei der möglichst vollkommnen Ausbildung aller unser geistigen Kräfte, auch diese benannten Eigenschaften einst fest in unser Innerstes gründen, ich sage, wenn wir bei der Bildung unsers Urteils, bei der Erhöhung unseres Scharfsinns durch Erfahrungen und Studien aller Art, mit der Zeit die Grundsätze des Edelmuts, der Gerechtigkeit, der Menschenliebe, der Standhaftigkeit, der Bescheidenheit, der Duldung, der Mäßigkeit, der Genügsamkeit usw. unerschütterlich und unauslöschlich in unsern Herzen verflochten, unter diesen Umständen behaupte ich, dass wir nie unglücklich sein werden.

Ich nenne nämlich Glück nur die vollen und überschwänglichen Genüsse, die – um es mit einem Zuge Ihnen darzustellen – in dem erfreulichen Anschaun der moralischen Schönheit unseres eigenen Wesens liegen. Diese Genüsse, die Zufriedenheit unsrer selbst, das Bewusstsein guter Handlungen, das Gefühl unsrer durch alle Augenblicke unsers Lebens vielleicht gegen tausend Anfechtungen und Verführungen standhaft behaupteten Würde, sind fähig, unter allen äußern Umständen des Lebens, selbst unter den scheinbar traurigsten, ein sicheres tief gefühltes und unzerstörbares Glück zu gründen.

Ich weiß es, Sie halten diese Art zu denken für ein künstliches, aber wohl glückliches Hülfsmittel, sich die trüben Wolken des Schicksals hinweg zu philosophieren, und mitten unter Sturm und Donner sich Sonnenschein zu erträumen. Das ist nun freilich doppelt übel, dass Sie so schlecht von dieser himmlischen Kraft der Seele denken, einmal, weil Sie unendlich viel dadurch entbehren, und zweitens, weil es schwer, ja unmöglich ist, Sie besser davon denken zu machen.

Aber ich wünsche zu Ihrem Glücke und hoffe, dass die Zeit und Ihr Herz Ihnen die Empfindung dessen, ganz so wahr und innig schenken möge, wie sie mich in dem Augenblick jener Äußerung belebte.

Die höchste nützlichste Wirkung, die Sie dieser Denkungsart, oder vielmehr (denn das ist sie eigentlich) Empfindungsweise, zuschreiben, ist, dass sie vielleicht dazu diene, den Menschen unter der Last niederdrückender Schicksale vor der Verzweiflung zu sichern; und Sie glauben, dass wenn auch wirklich Vernunft und Herz einen Menschen dahin bringen könnte, dass er selbst unter äußerlich unvorteilhaften Umständen sich glücklich fühlte, er doch immer in äußerlich vorteilhaften Verhältnissen glücklicher sein müsste.

Dagegen, mein Freund, kann ich nichts anführen, weil es ein vergeblicher missverstandner Streit sein würde. Das Glück, wovon ich sprach, hängt von keinen äußeren Umständen ab, es begleitet den, der es besitzt, mit gleicher Stärke in alle Verhältnisse seines Lebens, und die Gelegenheit, es in Genüssen zu entwickeln, findet sich in Kerkern so gut wie auf Thronen.

Ja, mein Freund, selbst in Ketten und Banden, in die Nacht des finstersten Kerkers gewiesen – glauben und fühlen Sie nicht, dass es auch da überschwänglich entzückende Gefühle für den tugendhaften Weisen gibt? Ach, es liegt in der Tugend eine geheime göttliche Kraft, die den Menschen über sein Schicksal erhebt, in ihren Tränen reifen höhere Freuden, in ihrem Kummer selbst liegt ein neues Glück. Sie ist der Sonne gleich, die nie so göttlich schön den Horizont mit Flammenröte malt, als wenn die Nächte des Ungewitters sie umlagern.

Ach, mein Freund, ich suche und spähe umher nach Worten und Bildern, um Sie von dieser herrlichen beglückenden Wahrheit zu überzeugen. Lassen Sie uns bei dem Bilde des unschuldig Gefesselten verweilen – oder besser noch, blicken Sie einmal zweitausend Jahre in die Vergangenheit zurück, auf jenen besten und edelsten der Menschen, der den Tod am Kreuze für die Menschheit starb, auf Christus. Er schlummerte unter seinen Mördern, er reichte seine Hände freiwillig zum Binden dar, die teuern Hände, deren Geschäft nur Wohltun war, er fühlte sich ja doch frei, mehr als die Unmenschen, die ihn fesselten, seine Seele war so voll des Trostes, dass er dessen noch seinen Freunden mitteilen konnte, er vergab sterbend seinen Feinden, er lächelte liebreich seine Henker an, er sah dem furchtbar schrecklichen Tode ruhig und freudig entgegen – ach, die Unschuld wandelt ja heiter über sinkende Welten. In seiner Brust muss ein ganzer Himmel von Empfindungen gewohnet haben, denn »Unrecht leiden schmeichelt großen Seelen«.

Ich bin nun erschöpft, mein Freund, und was ich auch sagen könnte, würde matt und kraftlos neben diesem Bilde stehen. Daher will ich nun, mein lieber

Freund, glauben, Sie überzeugt zu haben, dass die Tugend den Tugendhaften selbst im Unglück glücklich macht; und wenn ich über diesen Gegenstand noch etwas sagen soll, so wollen wir einmal jenes äußere Glück mit der Fackel der Wahrheit beleuchten, für dessen Reizungen Sie einen so lebhaften Sinn zu haben scheinen.

Nach dem Bilde des wahren innern Glückes zu urteilen, dessen Anblick uns soeben so lebhaft entzückt hat: Verdient nun wohl Reichtum, Güter, Würden und alle die zerbrechlichen Geschenke des Zufalls, den Namen *Glück*? So arm an Nuancen ist doch unsre deutsche Sprache nicht, vielmehr finde ich leicht ein paar Wörter, die das, was diese Güter bewirken, sehr passend und richtig ausdrücken, Vergnügen und Wohlbehagen. Um diese sehr angenehmen Genüsse sind Fortunens Günstlinge freilich reicher als ihre Stiefkinder, obgleich ihre vorzüglichsten Bestandteile in der Neuheit und Abwechselung liegen, und daher der Arme und Verlassne auch nicht ganz davon ausgeschlossen ist.

Ja, ich bin sogar geneigt zu glauben, dass in dieser Rücksicht für ihn ein Vorteil über den Reichen und Geehrten möglich ist, indem dieser bei der zu häufigen Abwechselung leicht den Sinn zu genießen abstumpft oder wohl gar mit der Abwechselung endlich ans Ende kommt und dann auf Leeren und Lücken stößt, indes der andere mit mäßigen Genüssen haushält, selten, aber desto inniger den Reiz der Neuheit schmeckt, und mit seinen Abwechselungen nie ans Ende kommt, weil selbst in ihnen eine gewisse Einförmigkeit liegt.

Aber es sei, die Großen dieser Erde mögen den Vorzug vor den Geringen haben, zu schwelgen und zu prassen, alle Güter der Welt mögen sich ihren nach Vergnügen lechzenden Sinnen darbieten, und sie mögen ihrer vorzugsweise genießen; nur, mein Freund, das Vorrecht glücklich zu sein, wollen wir ihnen nicht einräumen, mit Gold sollen sie den Kummer, wenn sie ihn verdienen, nicht aufwiegen können. Da waltet ein großes unerbittliches Gesetz über die ganze Menschheit, dem der Fürst wie der Bettler unterworfen ist. Der Tugend folgt die Belohnung, dem Laster die Strafe. Kein Gold besticht ein empörtes Gewissen, und wenn der lasterhafte Fürst auch alle Blicke und Mienen und Reden besticht, wenn er auch alle Künste des Leichtsinns herbeiruft, wie Medea alle Wohlgerüche Arabiens, um den hässlichen Mordgeruch von ihren Händen zu vertreiben – und wenn er auch Mahoms Paradies um sich versammelte, um sich zu zerstreun oder zu betäuben – umsonst! Ihn quält und ängstigt sein Gewissen, wie den Geringsten seiner Untertanen.

Gegen dieses größte der Übel wollen wir uns schützen, mein Freund, dadurch schützen wir uns zugleich vor allen übrigen, und wenn wir bei der Sinnlichkeit unsrer Jugend uns nicht entbrechen können, neben den Genüssen des ersten und höchsten innern Glücks, uns auch die Genüsse des äußern zu wünschen, so lassen Sie uns wenigstens so bescheiden und begnügsam in diesen Wünschen sein, wie es Schülern für die Weisheit ansteht.

Und nun, mein Freund, will ich Ihnen eine Lehre geben, von deren Wahrheit mein Geist zwar überzeugt ist, obgleich mein Herz ihr unaufhörlich widerspricht. Diese Lehre ist, von den Wegen, die zwischen dem höchsten äußern Glück und Unglück liegen, grade nur auf der Mittelstraße zu wandern, und unsre Wünsche nie auf die schwindlichen Höhen zu richten. So sehr ich jetzt noch die Mittelstraßen aller Art hasse, weil ein natürlich heftiger Trieb im Innern mich verführt, so ahnde ich dennoch, dass Zeit und Erfahrung mich einst davon überzeugen werden, dass sie dennoch die besten seien. Eine besonders wichtige Ursache, uns nur ein mäßiges äußeres Glück zu wünschen, ist, dass dieses sich wirklich am häufigsten in der Welt findet, und wir daher am wenigsten fürchten dürfen, getäuscht zu werden.

Wie wenig beglückend der Standpunkt auf großen außerordentlichen Höhen ist, habe ich recht innig auf dem *Brocken* empfunden. Lächeln Sie nicht, mein Freund, es waltet ein gleiches Gesetz über die moralische wie über die physische Welt. Die Temperatur auf der Höhe des Thrones ist so rau, so empfindlich und

der Natur des Menschen so wenig angemessen, wie
der Gipfel des Blocksbergs, und die Aussicht von dem
einen so wenig beglückend wie von dem andern, weil
der Standpunkt auf beidem zu hoch, und das Schöne
und Reizende um beides zu tief liegt.

Mit weit mehrerem Vergnügen gedenke ich dage-
gen der Aussicht auf der mittleren und mäßigen Höhe
des *Regensteins*, wo kein trüber Schleier die Land-
schaft verdeckte, und der schöne Teppich im Ganzen,
wie das unendlich Mannigfaltige desselben im Einzel-
nen klar vor meinen Augen lag. Die Luft war mäßig,
nicht warm und nicht kalt, grade so wie sie nötig ist,
um frei und leicht zu atmen. Ich werde Ihnen doch die
bildliche Vorstellung *Homers* aufschreiben, die er sich
von Glück und Unglück machte, ob ich Ihnen gleich
schon einmal davon erzählt habe.

Im Vorhofe des Olymp, erzählt er, stünden zwei
große Behältnisse, das eine mit Genuss, das andere
mit Entbehrung gefüllt. Wem die Götter, so spricht
Homer, aus beiden Fässern mit gleichem Maße mes-
sen, der ist der Glücklichste; wem sie ungleich mes-
sen, der ist unglücklich, doch am unglücklichsten der,
dem sie nur allein aus einem Fasse zumessen.

Also *entbehren und genießen*, das wäre die Regel
des äußeren Glücks, und der Weg, gleich weit entfernt
von Reichtum und Armut, von Überfluss und Man-
gel, von Schimmer und Dunkelheit, die beglückende
Mittelstraße, die wir wandern wollen.

Jetzt freilich wanken wir noch auf regellosen Bahnen umher, aber, mein Freund, das ist uns als Jünglingen zu verzeihen. Die innere Gärung ineinander wirkender Kräfte, die uns in diesem Alter erfüllt, lässt keine Ruhe im Denken und Handeln zu. Wir kennen die Beschwörungsformel noch nicht, die Zeit allein führt sie mit sich, um die wunderbar ungleichartigen Gestalten, die in unserm Innern wühlen und durcheinandertreiben, zu besänftigen und zu beruhigen. Und alle Jünglinge, die wir um und neben uns sehen, teilen ja mit uns dieses Schicksal. Alle ihre Schritte und Bewegungen scheinen nur die Wirkung eines unfühlbaren aber gewaltigen Stoßes zu sein, der sie unwiderstehlich mit sich fortreißt. Sie erscheinen mir wie Kometen, die in regellosen Kreisen das Weltall durchschweifen, bis sie endlich eine Bahn und ein Gesetz der Bewegung finden.

Bis dahin, mein Freund, wollen wir uns also aufs Warten und Hoffen legen, und nur wenigstens uns das zu erhalten streben, was schon jetzt in unsrer Seele Gutes und Schönes liegt. Besonders und aus mehr als dieser Rücksicht wird es gut für uns, und besonders für Sie sein, wenn wir die Hoffnung zu unsrer Göttin wählen, weil es scheint, als ob uns der Genuss flieht.

Denn eine von beiden Göttinnen, Lieber, lächelt dem Menschen doch immer zu, dem Frohen der Genuss, dem Traurigen die Hoffnung. Auch scheint es, als ob die Summe der glücklichen und der unglücklichen Zufälle im Ganzen für jeden Menschen gleich bleibe; wer denkt bei dieser Betrachtung nicht an jenen Tyrann von Syrakus, *Polykrates*, den das Glück bei allen seinen Bewegungen begleitete, den nie ein Wunsch, nie eine Hoffnung betrog, dem der Zufall sogar den Ring wiedergab, den er, um dem Unglück ein freiwilliges Opfer zu bringen, ins Meer geworfen hatte. So hatte die Schale seines Glücks sich tief gesenkt; aber das Schicksal setzte es dafür auch mit einem Schlage wieder ins Gleichgewicht und ließ ihn am Galgen sterben. – Oft verprasst indes ein Jüngling in ein paar Jugendjahren den Glücksvorrat seines ganzen Lebens, und darbt dann im Alter; und da Ihre Jugendjahre, mehr noch als die meinigen, so freudenleer verflossen sind, ob Sie gleich eine tiefgefühlte Sehnsucht nach Freude in sich tragen, so nähren und stärken Sie die Hoffnung auf schönere Zeiten, denn ich getraue mich, mit einiger, ja mit großer Gewissheit Ihnen eine frohe und freudenreiche Zukunft vorher zu kündigen. Denken Sie nur, mein Freund, an unsre schönen und herrlichen Pläne, an unsre Reisen. Wie vielen Genuss bieten sie uns dar, selbst den reichsten in den scheinbar ungünstigsten Zufällen, wenigstens doch *nach* ihnen, durch die Erinnerung. Oder blicken Sie über die Vollendung unsrer Reisen hin, und sehen Sie *sich* an, den an Kenntnissen bereicherten, an Herz und Geist durch Erfahrung und Tätigkeit gebildeten

Mann. Denn Bildung muss der Zweck unsrer Reise sein und wir müssen ihn erreichen, oder der Entwurf ist so unsinnig wie die Ausführung ungeschickt.

Dann, mein Freund, wird die Erde unser Vaterland, und alle Menschen unsre Landsleute sein. Wir werden uns stellen und wenden können, wohin wir wollen, und immer glücklich sein. Ja, wir werden unser Glück zum Teil in der Gründung des Glücks anderer finden und andere bilden, wie wir bisher selbst gebildet worden sind.

Wie viele Freuden gewährt nicht schon allein die wahre und richtige Wertschätzung der Dinge. Wie oft gründet sich das Unglück eines Menschen bloß darin, dass er den Dingen unmögliche Wirkungen zuschrieb oder aus Verhältnissen falsche Resultate zog und sich darinnen in seinen Erwartungen betrog. Wir werden uns seltner irren, mein Freund, wir durchschauen dann die Geheimnisse der physischen wie der moralischen Welt, bis dahin, versteht sich, wo der ewige Schleier über sie waltet, und was wir bei dem Scharfblick unsres Geistes von der Natur erwarten, das leistet sie gewiss. Ja, es ist im richtigen Sinne sogar möglich, das Schicksal selbst zu leiten, und wenn uns dann auch das große allgewaltige Rad einmal mit sich fortreißt, so verlieren wir doch nie das Gefühl unsrer selbst, nie das Bewusstsein unseres Wertes. Selbst auf diesem Wege kann der Weise, wie jener Dichter sagt, *Honig aus jeder Blume saugen.* Er kennt den großen

Kreislauf der Dinge, und freut sich daher der Vernichtung wie dem Segen, weil er weiß, dass in ihr wieder der Keim zu neuen und schöneren Bildungen liegt.

Und nun, mein Freund, noch ein paar Worte über ein Übel, welches ich mit Missvergnügen als Keim in Ihrer Seele zu entdecken glaube. Ohne, wie es scheint, gegründete, vielleicht Ihnen selbst unerklärbare Ursachen, ohne besonders üble Erfahrungen, ja vielleicht selbst ohne die Bekanntschaft eines einzigen durchaus bösen Menschen, scheint es, als ob Sie die Menschen hassen und scheuen.

Glück

Nun bebt in banger Fülle meine Welt,
der Jahre Gärten wollen Früchte tragen.
Und wie auf weichen Wiesenteppich oft
ein goldner Apfel, zart empfangen, rollt,
so rührt den Plan der täglichen Gefühle
ein heimlich reif und süß geworden Lied.

Die kleinen Glücke

Unter diesen Worten begann Friederike die herumste-
henden Teller und Gläser abzuräumen und setzte dafür
den halben Edamer, der eigentlich nur noch eine rote
Schale war, auf den Tisch. Aber das tat nichts. Leo hatte
schon sein kleines Taschenmesser, weil ihm das am
handlichsten war, herausgenommen und schabte da-
mit die guten Stellen mit vieler Geschicklichkeit her-
aus, immer versichernd, dass, wenn man noch was
fände, wo eigentlich nichts mehr zu finden sei, das sei
jedes Mal das Beste und darin läge auch was Sinniges.
»Ja, Friederike, so muss man leben, immer so die klei-
nen Freuden aufpicken, bis das große Glück kommt …«
   »Ja, wenn es bloß kommt …«
   »Und wenn es nicht kommt, dann hat man wenigs-
tens die kleinen Glücke gehabt.«

Im Leben verdankt man viel Glück
und Unglück nur dem Zufall; aber
der innere Frieden hängt nie vom
Zufall ab.

Maurice Maeterlinck

Das Glück ist größer als das
Unglück, das Unglück löscht
des Glückes Erinnerung nicht
aus, während ein Augenblick
Glückseligkeit manchmal jah-
relange Leiden verwischt.

Carmen Sylva

Vom Stundenzeiger des Lebens

Vom Stundenzeiger des Lebens. – Das Leben besteht aus seltenen einzelnen Momenten von höchster Bedeutsamkeit und unzählig vielen Intervallen, in denen uns bestenfalls die Schattenbilder jener Momente umschweben. Die Liebe, der Frühling, jede schöne Melodie, das Gebirge, der Mond, das Meer – alles redet nur einmal ganz zum Herzen: wenn es überhaupt je ganz zu Worte kommt. Denn viele Menschen haben jene Momente gar nicht und sind selber Intervalle und Pausen in der Symphonie des wirklichen Lebens.

Glücklich und endlich

Nachts auf dem Balkon sitzend
Die Füße überm Geländer
Mit Zigarettenrauchen beschäftigt
Dem Klingeln der Straßenbahn

Und vor allem der Leuchtreklame
Des Reisebüros gegenüber –
So eingebettet in lauter Erfahrungen
Ganz unaufdringlicher Art

Aufgehoben zu sein
Ohne Mitte, ichlos, vorbei
Nur so dahinfließen
Ein Ding unter Dingen

Du musst das Leben nicht verstehen

Du musst das Leben nicht verstehen,
dann wird es werden wie ein Fest.
Und lass dir jeden Tag geschehen
so wie ein Kind im Weitergehen
von jedem Wehen
sich viele Blüten schenken lässt.

Sie aufzusammeln und zu sparen,
das kommt dem Kind nicht in den Sinn.
Es löst sie leise aus den Haaren,
drin sie so gern gefangen waren,
und hält den lieben jungen Jahren
nach neuen seine Hände hin.

Humor

Glücklich ist der Mensch zu preisen, der – angetan mit einem Regenmantel – durch den strömenden Regen geht und das Gefühl hat, durch meinen Mantel geht nichts durch. Dieser Mensch hat Humor! Humor ist nichts anderes als ein undurchlässiger Regenmantel, und es ist nur bedauerlich, daß Regenmäntel immer so verregnet aussehen.

Humor kommt von humus, ohne den bekanntlich nichts gedeihen kann. Aus humus ist dann der homo entstanden, und der liebe Gott muß damals viel Humor gehabt haben, als er den homo sapiens schuf. Denn gibt es etwas Komischeres als den Menschen?

Aus einiger Entfernung sieht der Mensch manchmal wie ein richtiger Mensch aus. Aber während das Weihnachtsfest zum Beispiel uns immer näher kommt, kommen sich die Menschen niemals richtig näher. Sie haben Angst voreinander. Ist das nicht komisch?

Jeder Frühlings-Sonnentag schließt nur für ein paar Menschen, die imstande sind, ihn zu genießen, unter Millionen, die nicht dazu imstande sind, das Glück der Erde und also den Himmel auf.

Wilhelm Raabe

Glücksspiele werden verboten – das längste ausgenommen, das Leben.

Jean Paul

»Das, warum du dich bemühst, möge dir gelingen.«

Wünsche und Ratschläge

Glück? Sollst du Glück haben?
Wünsche ich dir auch nur eine
Spur von Glück – wenn sie
nicht deinen *Wert* erhöhte?
Wertwünsche ich dir.

Christian Morgenstern

Will das Glück nach seinem Sinn

Will das Glück nach seinem Sinn
Dir was Gutes schenken,
Sage Dank und nimm es hin
Ohne viel Bedenken.

Jede Gabe sei begrüßt,
Doch vor allen Dingen:
Das, warum du dich bemühst,
Möge dir gelingen.

MATTHIAS KRÖNER

Geburtstagskuchen

Sei bitte faul,
wenn alle fleißig sind!

Sei bitte freundlich zu jedem Kind!

Lass dir von keinem sagen, dass du was nicht kannst –
denn das ist echt gelogen! –
und wenn es doch nicht klappt,
bist du eben
in dir
falsch abgebogen.

Nutz nicht immer deine Stärken!

So, das war's jetzt aber:
Mehr kann man sich eh nicht merken.

Glückwünsche

Daß du dir glückst
Daß dir das Glück anderer glücke
Daß durch dich
ein oder zwei Menschen
besser sich glücken
Daß das Glück dich nicht blende
für das Unglück anderer
Daß du dir glückst
auch im Unglück
Daß eine Welt werde,
wo zusammen mit dir
viele sich glücken können.

MARIA BALDUS-COHEN-OR

Gute Wünsche

Ich wünsche dir ein Grammophon
in einem Rosengarten
und eine Bank als Ruheplatz
zum Träumen und zum Warten.
Ich wünsche dir ein kleines Haus
mit Fenstern weit und Türen
und Wege, die von dir zu mir
und zu den Freunden führen.
Ich wünsche dir ein Glockenspiel
viel Sonne und auch Regen
den Früchten Wachsen und Gedeih'n
und deinen Mühen Segen.

Glückwünsche

Ich wünsche, dass dein Glück sich jeden Tag erneue,
Dass eine gute Tat dich jede Stund erfreue!

Und wenn nicht eine Tat, so doch ein gutes Wort,
Das selbst unsterblich wirkt zu guten Taten fort.

Und wenn kein Wort, doch ein Gedanke schön
    und wahr,
Der dir die Seele mach und rings die Schöpfung klar.

Nichts anders kann erfreun den Menschen und
    erheben,
Wie diese Zeugnisse von eignem höherm Leben.

Und was das Glück von Lohn ihm zu von außen spült,
Erfreut ihn nur, wenn er sich dessen würdig fühlt.

Vergiss nie, dir etwas zu wünschen

»Denn einen Anfang muss es doch geben, und wenn man ihn zu fassen bekäme, das wäre immer schon etwas. Ach Malte, wir gehen so hin, und mir kommt vor, dass alle zerstreut sind und beschäftigt und nicht recht achtgeben, wenn wir hingehen. Als ob eine Sternschnuppe fiele und es sieht sie keiner und keiner hat sich etwas gewünscht. Vergiss nie, dir etwas zu wünschen, Malte. Wünschen, das soll man nicht aufgeben. Ich glaube, es gibt keine Erfüllung, aber es gibt Wünsche, die lange vorhalten, das ganze Leben lang, so dass man die Erfüllung doch gar nicht abwarten könnte.«

Den Dingen, denen du zugelost
bist, denen passe dich an; und die
Menschen, die du miterlost hast,
die hab lieb, aber wahrhaft.

Marc Aurel

Du hast jenes gesehen? Sieh auch dieses.
Beunruhige dich nicht, mach, daß du ein-
fach bist. Es verfehlt sich einer? Für sich
fehlt er. Es ist dir etwas begegnet? Gut.
Vom All wurde dir seit allem Anfang zu-
geteilt und zugesponnen jedes Begegnis.
Und überhaupt: kurz ist das Leben; man
muß aus dem Gegenwärtigen mit Be-
dachtsamkeit und Gerechtigkeit Gewinn
ziehen. Sei nüchtern und dabei gelassen.

Marc Aurel

THEODOR FONTANE

Überlass es der Zeit

Erscheint dir etwas unerhört,
Bist du tiefsten Herzens empört,
Bäume nicht auf, versuch's nicht mit Streit,
Berühr es nicht, überlass es der Zeit.
Am ersten Tag wirst du feige dich schelten,
Am zweiten lässt du dein Schweigen schon gelten,
Am dritten hast du's überwunden,
Alles ist wichtig nur auf Stunden,
Ärger ist Zehrer und Lebensvergifter,
Zeit ist Balsam und Friedensstifter.

Sei ganz ruhig

Sei ganz ruhig.
Das Leben besteht nicht aus Sensationen,
es läuft nicht davon,
es bietet keine verpaßten Gelegenheiten,
es wird nicht einmal weniger mit den Jahren.
Dreh dich nur beiläufig um:
Es wird mehr.

»Wer reist aufs Neue mit mir ins Himmelblau?«

Von Neuanfängen und Reisen
in das Unbekannte

Wenn wir nicht von vorne
anfangen, dürfen wir nicht
hoffen, weiterzukommen.

Johann Gottfried Seume

Reiselied

Wasser stürzt, uns zu verschlingen,
Rollt der Fels, uns zu erschlagen,
Kommen schon auf starken Schwingen
Vögel her, uns fortzutragen.

Aber unten liegt ein Land,
Früchte spiegelnd ohne Ende
In den alterslosen Seen.

Marmorstirn und Brunnenrand
Steigt aus blumigem Gelände,
Und die leichten Winde wehn.

Glückliche Fahrt

Die Nebel zerreißen,
Der Himmel ist helle,
Und Äolus löset
Das ängstliche Band.
Es säuseln die Winde,
Es rührt sich der Schiffer.
Geschwinde! Geschwinde!
Es teilt sich die Welle,
Es naht sich die Ferne;
Schon seh ich das Land!

Lebensabschnitt

Ich mache eine Amnestie
Aus herzlichem Verlangen.
Und sei auch du und sein auch Sie
Zu mir ganz unbefangen.

Das Leben ist ein Rutsch-Vorbei.
Nur das, was echt gewesen,
Nährt weiterhin. – Ein Besen,
Zu wild geschwenkt, schlägt viel entzwei.

Seid gut zu mir und macht Radau,
Verzeihend und aus Reue!
Wollt ihr? Wer reist aufs Neue
Mit mir ins Himmelblau?

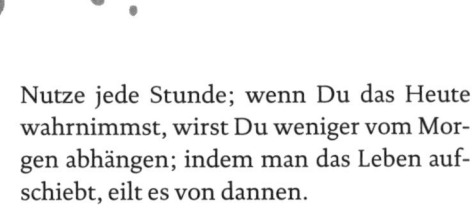

Nutze jede Stunde; wenn Du das Heute wahrnimmst, wirst Du weniger vom Morgen abhängen; indem man das Leben aufschiebt, eilt es von dannen.

Seneca an Luciliu

Erklimme das Gebirge oder steige ins Tal hinab, gehe bis ans Ende der Welt oder um dein Haus herum: Du triffst immer nur dich auf den Straßen des Zufalls.

Maurice Maeterlinck

Zeit des Anfangens

Wer kennt sie nicht, diese Lust des Anfangens. Eine
neue Liebe. Eine neue Arbeit. Ein neues Jahr. Eine
neue Zeit. In der Geschichte wird das neu Anfangende
Revolution genannt. Wenn Revolutionen auch immer
wieder ihren Kredit verspielt haben, so bleibt doch der
Mythos eines lichterlohen Augenblicks, wo alles so
aussieht, als finge alles neu an. Die Erstürmung der
Bastille 1789, der Sturm aufs Winterpalais 1917, die
Öffnung der Mauer 1989. Zeitenbrüche. Solche Au-
genblicke haben das Pathos der Nullpunktsituation,
ein neues Spiel: Wir fangen alle neu an. Was kann sich
daraus nicht alles ergeben!

Es gibt Anfänge, die sind zu groß. Eine Liebesge-
schichte kann einen Anfang haben, dem eine Fortset-
zung nimmer gewachsen ist. Dann dauert die Ge-
schichte so lange, wie die Kraft des Anfangs sie trägt,
und folglich wird das Ende des Anfangs der Anfang
vom Ende sein.

Alltäglicher sind andere Anfänge. Man fängt mit
der Lektüre eines neuen Buches an. Man braucht noch
nicht zurückzublättern, weil man irgendwelche Zu-
sammenhänge vergessen hat. Alles liegt noch vor ei-
nem. Satz für Satz entrollt sich eine neue Welt.

In jedem wahrhaften Anfang steckt die Chance zur

Verwandlung. Man will sich vom Halse schaffen, was einen nach rückwärts bindet – an seine Geschichte, seine Tradition, an die tausend Dinge, in die man verstrickt ist. Aber wie gelingt diese souveräne Geste, etwas hinter sich zu lassen, ohne daran gefesselt zu bleiben? Das ist ziemlich schwierig, umso verlockender sind die Träume und Phantasien eines neuen Anfangs.

[...]

Wie kommt man zu einem neuen Anfang?

Eine Möglichkeit ist: das Vergessen. Vergessen ist die Kunst, dort Anfänge zu finden, wo eigentlich keine sind. Goethes Faust zum Beispiel. Er hat es wild getrieben, Leid und Freude erlebt, auch einiges Unheil angerichtet – vor allem das. Es ist nicht abzusehen, wie die Dinge weitergehen könnten. Goethe hat auch nicht weitergewusst, er ist der bisherigen Geschichte überdrüssig geworden, und so hat er seinen Faust eingeschläfert. Der Schlaf des Vergessens, der den Faust-Interpreten den Schlaf raubt. Dem Faust-Interpreten Schwerte/Schneider allerdings wohl eher nicht, denn ihm musste der Heilschlaf des Vergessens einleuchten.

Anstoß erregt solches Vergessen hingegen bei den Psychotherapeuten. Sie sind schnell dabei, das heilsame Vergessen als ein Verdrängen zu deuten, und schicken ihre Klienten gerne zurück in die vermeintlichen frühkindlichen Urszenen, aus denen man dann nur schwer wieder herausfindet. Zwar wird behauptet, dass die Durcharbeitung des Vergangenen von der

Macht des Vergangenen befreit. Aber häufiger macht
man doch die Erfahrung, dass die von Aufmerksam-
keit belagerte Vergangenheit gerade nicht vergehen
will. Bekanntlich wollte Freud den Menschen ihre Ich-
Souveränität zurückgeben. Sie sollten sich nicht mehr
von einer unverstandenen und unbewältigten Ver-
gangenheit beherrschen lassen. Wiederholungszwän-
ge, die aus alten Traumata herrühren, sollten gebro-
chen werden. Das Ziel war Offenheit für die Gegen-
wart und für die Zukunft. Man sollte wieder in die
Lage versetzt werden, etwas mit sich anzufangen.
Doch wenn man sich in die Mythen über das Gewese-
ne verstrickt, wird es immer unwahrscheinlicher, dass
ein neuer Anfang gelingt. Man sollte das Verhältnis
von Vergangenheit und Gegenwart als Machtfrage
verstehen. Lasse ich mich von der Vergangenheit be-
herrschen oder beherrsche ich sie – das ist die Frage.
Erst durch die Kraft, so Nietzsche, *das Vergangene zum
Leben zu gebrauchen und aus dem Geschehenen wieder
Geschichte zu machen, wird der Mensch zum Men-
schen: aber in einem Übermaße von Historie hört der
Mensch wieder auf, und ohne jene Hülle des Unhistori-
schen würde er nie angefangen haben und anzufangen
wagen.*

Das Vergessen gehört zum gnädigen Wirken unse-
rer Natur, die eigentlich nur so viel in Erinnerung be-
halten will, wie zum Handeln nötig ist. Doch das Er-
innern geht in der Regel weit über diese Grenzen hin-

aus. Wir erinnern eben nicht nur, was wir jetzt für unsere praktischen Zwecke brauchen. Immer wieder, schreibt Henri Bergson 1907 in seiner »Schöpferischen Entwicklung«, *gelingt es ein paar überschüssigen Erinnerungen, sich als Luxusgüter durch die angelehnte Tür zu schmuggeln. Sie, die Boten des Unbewussten, tun uns kund, was wir hinter uns herschleifen, ohne es zu wissen.* Was wir da hinter uns herschleifen, dieser große Sack meist undeutlicher Erinnerungen, kann so schwer werden, dass er die zukunftsoffene Beweglichkeit behindert. Handlungshemmung ist die Folge. Jorge Luis Borges hat sich in einer Erzählung einmal einen Menschen ausgedacht, der nichts vergessen kann. Es ist das reine Grauen. Dieser Mensch kann sich vor lauter gegenwärtig gehaltener Vergangenheit nicht mehr bewegen. Er ist bis zum Überlaufen voll, es darf bei ihm keine Zukunft, auch keine Gegenwart mehr dazukommen. An diesem Gedankenexperiment ist zu bemerken, dass Handeln auch bedeutet, die Zeit gleichsam abfließen zu lassen mit der Zuversicht, dass sie sich dort hinten, im Gedächtnis, nicht staut. Der Handelnde baut auf seine gesunde Vergesslichkeit und ist in der Regel auch der Erste, der sich etwas verzeiht. Anders geht es vielleicht gar nicht.

Wer anfängt, handelt. Das Handeln hat immer auch etwas Gewaltsames, es reißt sich vom Beharren los, lässt sich nicht nur treiben und ziehen, es ergreift Initiative und verengt so den Zeithorizont auf das fürs

Handeln Relevante. Umsicht ist erwünscht, doch eine gewisse Rücksichtslosigkeit ist unvermeidlich. Wollte man alle Voraussetzungen seines Handelns erfassen und alle Folgen abschätzen, so würde man niemals damit fertig – und könnte auch nicht anfangen mit dem Handeln. Hat man sich dazu durchgerungen, so zieht jedes Handeln einen neuen Faden in das unabsehbare Gewebe der Welt ein – mit ebenfalls unabsehbaren Folgen, aber mit einem eindeutigen Anfang.

HILDE DOMIN

Nicht müde werden

Nicht müde werden
sondern dem Wunder
leise
wie einem Vogel
die Hand hinhalten.

Notizen zur Melodie der Dinge

I. Ganz am Anfang sind wir, siehst du.
Wie vor allem. Mit
tausendundeinem Traum hinter uns und
ohne Tat.

II. Ich kann mir kein seligeres Wissen denken,
als dieses Eine:
dass man ein Beginner werden muss.
Einer, der das erste Wort schreibt hinter einen
jahrhundertelangen
Gedankenstrich.

ROSE AUSLÄNDER

Nicht fertig werden

Die Herzschläge nicht zählen
Delphine tanzen lassen
Länder aufstöbern
Aus Worten Welten rufen
horchen was Bach
zu sagen hat
Tolstoi bewundern
sich freuen
trauern
höher leben
tiefer leben
noch und noch

Nicht fertig werden

Je mehr Pferde du anspannst desto rascher geht's – nämlich nicht das Ausreißen des Blockes aus dem Fundament, was unmöglich ist, aber das Zerreißen der Riemen und damit die leere fröhliche Fahrt.

Franz Kafka

Wer ein Ziel will, darf den Weg nicht scheuen, er sei glatt oder rau.

Theodor Fontane an seine Mutter Emilie

Der Lebensweg

Wenn man auf seinen Lebensweg zurücksieht, den »labyrinthisch irren Lauf« desselben überschaut und nun so manches verfehlte Glück, so manches herbeigezogene Unglück sehen muss; so kann man in Vorwürfen gegen sich selbst leicht zu weit gehn. Denn unser Lebenslauf ist keineswegs schlechthin unser eigenes Werk; sondern das Produkt zweier Faktoren, nämlich der Reihe der Begebenheiten und der Reihe unserer Entschlüsse, welche stets ineinander greifen und sich gegenseitig modifizieren.

Schwer ist aller Beginn; wer getrost
fortgehet, der kommt an!

Sprichwort

Der von der Heerstraße nicht
weggekommen ist, sollte sich
nichts darauf zugute tun, dass
er sich nie verirrt hat.

Marie von Ebner-Eschenbach

Auf dem Weg, den viele gehn, wächst kein Gras.

Sprichwort

Alles in der Welt geht in der Wellenlinie. Jede Landstraße und so weiter. Wehe dem, der überall das Lineal anlegt!

Wilhelm Raabe

Vorfrühling

In dieser Märznacht
trat ich spät aus meinem Haus.
Die Straßen waren aufgewühlt von Lenzgeruch
und grünem Saatregen.
Winde schlugen an. Durch die verstörte
          Häusersenkung
ging ich weit hinaus
Bis zu dem unbedeckten Wall und spürte:
meinem Herzen schwoll ein neuer Takt entgegen.

In jedem Lufthauch
war ein junges Werden ausgespannt.
Ich lauschte,
wie die starken Wirbel mir im Blute rollten.
Schon dehnte sich bereitet Acker.
In den Horizonten eingebrannt
War schon die Bläue hoher Morgenstunden,
die ins Weite führen sollten.

Die Schleusen knirschten.
Abenteuer brach aus allen Fernen.
Überm Kanal, den junge Ausfahrtwinde wellten,
wuchsen helle Bahnen,

84   In deren Licht ich trieb.
Schicksal stand wartend in umwehten Sternen.
In meinem Herzen lag ein Stürmen
wie von aufgerollten Fahnen.

Der Frühling

Die Sonne glänzt, es blühen die Gefilde,
Die Tage kommen blütenreich und milde,
Der Abend blüht hinzu, und helle Tage gehen
Vom Himmel abwärts, wo die Tag' entstehen.

Das Jahr erscheint mit seinen Zeiten
Wie eine Pracht, wo Feste sich verbreiten,
Der Menschen Tätigkeit beginnt mit neuem Ziele,
So sind die Zeichen in der Welt, der Wunder viele.

Mit Untertänigkeit
Scardanelli.

d. 24 April 1839.

Neu anfangen zu können …

Neu anfangen zu können
ein einziges Mal wenigstens!
Nicht aufzuräumen haben, weglegen und lassen
    dürfen, was nicht fertig wurde …
einen Abschnitt machen können … bis auf den Grund
    … ein Meer zwischen gestern und heut bringen …
ein einziges Mal wenigstens … ein Neuer sein dürfen
    … das ist's … was einen hinübertreibt über die
    Wasser!
dieser große stille Morgenwunsch jedes neuen Tages,
    jedes neuen Jahres … mit seinem schönen
    Mutig-sein!

Mit dünnen spinnigen Armen aber greift es herüber
schattenhaft, schattenfroh
und kettet jedes Heute mit hundert kleinen Zette-
    leien an Gestern und saugt sich herzblutgierig an
    ihm fest und lähmt ihm gleich das Beste wieder,
    das es hat: den frohen Mut, neu anzufangen …
ein einziges Mal, *neu anzufangen*!

Hoffnung

Es reden und träumen die Menschen viel
Von bessern künftigen Tagen,
Nach einem glücklichen goldenen Ziel
Sieht man sie rennen und jagen.
Die Welt wird alt und wird wieder jung,
Doch der Mensch hofft immer Verbesserung.

Die Hoffnung führt ihn ins Leben ein,
Sie umflattert den fröhlichen Knaben,
Den Jüngling locket ihr Zauberschein,
Sie wird mit dem Greis nicht begraben,
Denn beschließt er im Grabe den müden Lauf,
Noch am Grabe pflanzt er – die Hoffnung auf.

Es ist kein leerer schmeichelnder Wahn,
Erzeugt im Gehirne des Toren,
Im Herzen kündet es laut sich an:
Zu was Besserm sind wir geboren!
Und was die innere Stimme spricht,
Das täuscht die hoffende Seele nicht.

Schlimmstenfalls

Schlimmstenfalls wird aufgeräumt
In Herz und Seele Aug und Ohren

Schlimmstenfalls ist ausgeträumt
Was wir wollten längst verloren

Schlimmstenfalls geht alles schneller
Auf jeden Biß ein leerer Teller

Schlimmstenfalls fehlt uns der Mut:
Schlimmstenfalls wird alles gut

Leb die Leben, leb sie alle

Leb die Leben, leb sie alle,
halt die Träume auseinander,
sieh, ich steige, sieh, ich falle,
bin ein andrer, bin kein andrer.

»Wohl dem, der sich vergnüget«

Über die Freude und das Vergnügen

Enthusiasmus ist das schönste
Wort der Erde.

Christian Morgenstern

Aufmunterung zur Freude

Wer wollte sich mit Grillen plagen,
So lang uns Lenz und Jugend blühn;
Wer wollt', in seinen Blütentagen,
An finstrer Schwermut Altar knien!

Die Freude winkt auf allen Wegen,
Die durch dies Pilgerleben gehn;
Sie bringt uns selbst den Kranz entgegen,
Wenn wir am Scheidewege stehn.

Noch rinnt und rauscht die Wiesenquelle,
Noch ist die Laube kühl und grün;
Noch scheint der liebe Mond so helle,
Wie er durch Adams Bäume schien.

Noch macht der Saft der Purpurtraube
Des Menschen krankes Herz gesund;
Noch schmecket, in der Abendlaube,
Der Kuss auf einen roten Mund.

Noch tönt der Busch voll Nachtigallen
Dem Jüngling süße Fühlung zu;
Noch strömt, wenn ihre Lieder schallen,
Selbst in zerrissne Seelen Ruh.

94 O wunderschön ist Gottes Erde,
Und wert darauf vergnügt zu sein;
Drum will ich, bis ich Asche werde,
Mich dieser schönen Erde freun!

›Trostlos?‹ Das Wort ist mir entschwunden,
seitdem ich Mich in mir gefunden.

Christian Morgenstern

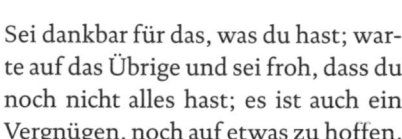

Sei dankbar für das, was du hast; war-
te auf das Übrige und sei froh, dass du
noch nicht alles hast; es ist auch ein
Vergnügen, noch auf etwas zu hoffen.

Seneca

Willkommen und Abschied

Es schlug mein Herz, geschwind zu Pferde!
Es war getan fast eh gedacht;
Der Abend wiegte schon die Erde
Und an den Bergen hing die Nacht:
Schon stand im Nebelkleid die Eiche,
Ein aufgetürmter Riese, da,
Wo Finsternis aus dem Gesträuche
Mit hundert schwarzen Augen sah.

Der Mond von einem Wolkenhügel
Sah kläglich aus dem Duft hervor,
Die Winde schwangen leise Flügel,
Umsausten schauerlich mein Ohr;
Die Nacht schuf tausend Ungeheuer;
Doch frisch und fröhlich war mein Mut;
In meinen Adern welches Feuer!
In meinem Herzen welche Glut!

Dich sah ich, und die milde Freude
Floss von dem süßen Blick auf mich;
Ganz war mein Herz an deiner Seite
Und jeder Atemzug für dich.
Ein rosenfarbnes Frühlingswetter
Umgab das liebliche Gesicht,

Und Zärtlichkeit für mich – ihr Götter!
Ich hofft es, ich verdient es nicht!
Doch ach, schon mit der Morgensonne
Verengt der Abschied mir das Herz:
In deinen Küssen welche Wonne!
In deinem Auge welcher Schmerz!
Du gingst, du standst und sahst zur Erden,
Und sahst mir nach mit nassem Blick:
Und doch, welch Glück geliebt zu werden!
Und lieben, Götter, welch ein Glück!

Das Glück eines schwedischen Pfarrers

So will ich mir denn diese Wonne ohne allen Rückhalt recht groß hermalen und mich selber unter dem Pfarrer meinen, damit mich die Schilderung, wenn ich sie nach einem Jahre wieder überlese, ganz besonders auswärme. Schon ein Pfarrer an sich ist selig, geschweige in Schweden. Er genießet da Sommer und Winter rein, ohne lange verdrüssliche Unterbrechungen; z. B. in seinen späten Frühling fällt statt des Nachwinters sogleich der ganze reife Vorsommer ein, weißrot und blütenschwer, so dass man in einer Sommernacht das halbe Italien, und in einer Winternacht die halbe zweite Welt haben kann.

Ich will aber bei dem Winter anfangen und das Christfest nehmen.

Der Pfarrer, der aus Deutschland, aus Haßlau in ein sehr nördlich-polarisches Dörflein voziert worden, steht heiter um 7 Uhr auf und brennt bis 9 ½ Uhr sein dünnes Licht. Noch um 9 Uhr scheinen Sterne, der helle Mond noch länger. Aber dieses Hereinlangen des Sternen-Himmels in den Vormittag gibt ihm liebe Empfindungen, weil er ein Deutscher ist und über einen gestirnten Vormittag erstaunt. Ich sehe den Pfarrer und andere Kirchengänger mit Laternen in die Kirche gehen; die vielen Lichterchen

machen die Gemeinde zu einer Familie und setzen
den Pfarrer in seine Kinderjahre, in die Winterstun-
den und Weihnachtsmetten zurück, wo jeder sein
Lichtchen mithatte. Auf der Kanzel sagt er seinen lie-
ben Zuhörern lauter Sachen vor, deren Worte gerade
so in der Bibel stehen; vor Gott bleibt doch keine
Vernunft vernünftig, aber wohl ein redliches Gemüt.
Darauf teilt er mit heimlicher Freude über die Gele-
genheit, jeder Person so nahe ins Gesicht zu sehen
und ihr wie einem Kind Trank und Speise einzuge-
ben, das heil. Nachtmahl aus und genießet es jeden
Sonntag selber mit, weil er sich nach dem nahen Lie-
besmahl in den Händen ja sehnen muss. Ich glaube,
es müsst' ihm erlaubt sein.

(Hier sah der Kirchenrat mit einem fragenden Rü-
ge-Blick unter den Zuhörern umher, und Flachs nickte
mit dem Kopfe; er hatte aber wenig vernommen, son-
dern nur an sein Haus gedacht.)

Wenn er dann mit den Seinigen aus der Kirche tritt,
geht gerade die helle Christ- und Morgensonne auf
und leuchtet ihnen allen ins Gesicht entgegen. Die
vielen schwedischen Greise werden ordentlich jung
vom Sonnenrot gefärbt. Der Pfarrer könnte dann,
wenn er auf die tote Mutter-Erde und den Gottesacker
hinsähe, worin die Blumen wie die Menschen begra-
ben liegen, wohl diesen Polymeter dichten:

»Auf der toten Mutter ruhen die toten Kinder in
dunkler Stille. Endlich erscheint die ewige Sonne, und

die Mutter steht wieder blühend auf, aber später alle ihre Kinder.«

Zu Hause letzt ihn ein warmes Museum samt einem langen Sonnenstreif an der Bücherwand.

Den Nachmittag verbringt er schön, weil er vor einem ganzen Blumen-Gestelle von Freuden kaum weiß, wo er anhalten soll. Ist's am heil. Christfest, so predigt er wieder, vom schönen Morgenlande oder von der Ewigkeit; dabei wird's ganz dämmernd im Tempel; nur zwei Altar-Kerzen werfen wunderbare lange Schatten umher durch die Kirche; der oben herabhängende Taufengel belebt sich ordentlich und fliegt beinahe; draußen scheinen die Sterne oder der Mond herein – der feurige Pfarrer oben im Finstern auf seiner Kanzel bekümmert sich nun um nichts, sondern donnert aus der Nacht herab, mit Tränen und Stürmen, von Welten und Himmeln und allem, was Brust und Herz gewaltig bewegt.

Kommt er flammend herunter, so kann er um 4 Uhr vielleicht schon unter einem am Himmel wallenden Nordschein spazieren gehen, der für ihn gewiss eine aus dem ewigen Südmorgen herüberschlagende Aurora ist, oder ein Wald aus heiligen feurigen Mosis-Büschen um Gottes Thron.

Ist's ein anderer Nachmittag, so fahren Gäste mit erwachsenen Töchtern von Betragen an; wie die große Welt diniert er mit ihnen bei Sonnenuntergang um 2 Uhr und trinkt den Kaffee bei Mondschein; das gan-

ze Pfarrhaus ist ein dämmernder Zauberpalast. – Oder
er geht auch hinüber zum Schulmeister in die Nach-
mittagsschule und hat alle Kinder seiner Pfarrkinder
gleichsam als Enkel bei Licht um sein Großvater-Knie
und ergötzet und belehret sie. –

Ist aber das alles nicht: so kann er ja schon von 3 Uhr
an in der warmen Dämmerung durch den starken
Mondschein in der Stube auf und ab waten und etwas
Orangenzucker dazu beißen, um das schöne Welsch-
land mit seinen Gärten auf die Zunge und vor alle Sin-
ne zu bekommen. Kann er nicht bei dem Monde den-
ken, dass dieselbe Silberscheibe jetzt in Italien zwi-
schen Lorbeerbäumen hange? Kann er nicht erwägen,
dass die Äolsharfe und die Lerche und die ganze Mu-
sik und die Sterne und die Kinder in heißen und kal-
ten Ländern dieselben sind? Wenn nun gar die reiten-
de Post, die aus Italien kommt, durchs Dorf bläset und
ihm auf wenigen Tönen blumige Länder an das gefror-
ne Museumsfenster hebt; wenn er alte Rosen- und Li-
lienblätter aus dem vorigen Sommer in die Hand
nimmt, wohl auch eine geschenkte Schwanzfeder von
einem Paradiesvogel; wenn dabei die prächtigen
Klänge Salatzeit, Kirschenzeit, Trinitatissonntage,
Rosenblüte, Marientage das Herz anrühren: so wird er
kaum mehr wissen, dass er in Schweden ist, wenn
Licht gebracht wird, und er verdutzt die fremde Stube
ansieht. Will er's noch weiter treiben, so kann er sich
daran ein Wachskerzen-Endchen anzünden, um den

ganzen Abend in die große Welt hineinzusehen, aus der er's her hat. Denn ich sollte glauben, dass am Stockholmer Hofe, wie anderwärts, von den Hofbedienten Endchen von Wachskerzen, die auf Silber gebrannt hatten, für Geld zu haben wären.

Aber nun nach Verlaufe eines halben Jahres klopft auf einmal etwas Schöners als Italien, wo die Sonne viel früher als in Haßlau untergeht, nämlich der herrlich beladne längste Tag an seine Brust an und hält die Morgenröte voll Lerchengesang schon um 1 Uhr nachts in der Hand. Ein wenig vor 2 Uhr oder Sonnenaufgang trifft die oben gedachte niedliche, bunte Reihe im Pfarrhause ein, weil sie mit dem Pfarrer eine kleine Lustreise vorhat. Sie ziehen nach 2 Uhr, wenn alle Blumen blitzen und die Wälder schimmern. Die warme Sonne droht kein Gewitter und keinen Platzregen, weil beide selten sind in Schweden. Der Pfarrer geht so gut in schwedischer Tracht einher wie jeder – er trägt sein kurzes Wams mit breiter Schärpe, sein kurzes Mäntelchen darüber, seinen Rundhut mit wehenden Federn und Schuhe mit hellen Bändern; – natürlich sieht er, wie die andern auch, wie ein spanischer Ritter, wie ein Provenzale oder sonst ein südlicher Mensch aus, zumal da er und die muntere Gesellschaft durch die in wenigen Wochen aus Beeten und Ästen hervorgezogne hohe Blüten- und Blätterfülle fliegen.

Dass ein solcher längster Tag noch kürzer als ein

kürzester verfliege, ist leicht zu denken, bei so viel
Sonne, Äther, Blüte und Muße. Schon nach 8 Uhr
abends bricht die Gesellschaft auf – die Sonne brennt
sanfter über den halbgeschlossenen schläfrigen Blu-
men – um 9 Uhr hat sie ihre Strahlen abgenommen
und badet nackt im Blau – gegen 10 Uhr, wo die Ge-
sellschaft im Pfarrdorfe wieder ankommt, wird der
Pfarrer seltsam bewegt und weich gemacht, weil im
Dorfe, obgleich die tiefe laue Sonne noch ein so mü-
des Rot um die Häuser und an die Scheiben legt, alles
schon still und in tiefem Schlafe liegt, so wie auch die
Vögel in den gelbdämmernden Gipfeln schlummern,
bis zuletzt die Sonne selber, wie ein Mond, einsam
untergeht in der Stille der Welt. Dem romantisch be-
kleideten Pfarrer ist, als sei jetzt ein rosenfarbnes
Reich aufgetan, worin Feen und Geister herumgehen,
und ihn würd' es wenig wundern, wenn in dieser
goldnen Geisterstunde auf einmal sein in der Kind-
heit entlaufner Bruder heranträte, wie vom blühen-
den Zauber-Himmel gefallen.

Der Pfarrer lässet aber seine Reisegesellschaft nicht
fort, er hält sie im Pfarrgarten fest, wo jeder, wer will,
sagt er, in schönen Lauben die kurze laue Stunde bis
zu Sonnen-Aufgang verschlummern kann.

Es wird allgemein angenommen und der Garten
besetzt; manches schöne Paar tut vielleicht nur, als
schlaf' es, hält sich aber wirklich an der Hand. Der
glückliche Pfarrer geht einsam in den Beeten auf und

ab. Kühle und wenige Sterne kommen. Seine Nacht-violen und Levkoien tun sich auf und duften stark, so hell es auch ist. In Norden raucht vom ewigen Morgen des Pols eine goldhelle Dämmerung auf. Der Pfarrer denkt an sein fernes Kindheitsdörfchen und an das Leben und Sehnen der Menschen und wird still und voll genug. Da greift die frische Morgensonne wieder in die Welt. Mancher, der sie mit der Abendsonne ver-mengen will, tut die Augen wieder zu; aber die Ler-chen erklären alles und wecken die Lauben.

Dann geht Lust und Morgen gewaltig wieder an; – – und es fehlt wenig, so schilder ich mir diesen Tag ebenfalls, ob er gleich vom vorigen vielleicht um kein Blütenblatt verschieden ist.

Freude ist das Leben durch einen
Sonnenstrahl hindurch gesehen.

Carmen Sylva

Wir sollen nicht nur leben, als ob wir mor-
gen sterben, sondern auch, als ob wir noch
hundert Jahre leben könnten.

Marie von Ebner-Eschenbach

Lob der Vergnügung

1.

Wohl dem, der sich vergnüget,
Und Freudigkeit stets seine Freundin nennt,
Der an Begierd und Geiz nicht als an Ketten lieget,
Den fremde Wohlfahrt nicht wie eine Nessel brennt;
Freud und Vergnügung kann den Wermutsaft versüßen,
Und Traurigkeit verbleibt des Teufels Schulterküssen.

2.

Nichts kann hier ewig währen,
Sturm und Orkan muss endlich doch vergehn,
Des Unfalls Fessel will der Zeiten Rost verzehren;
Die Morgenröte selbst muss aus der Nacht entstehn,
Den Strauch, darauf man itzt nur Dornen kann
     verspüren,
Wird bald ein Rosenknopf von hundert Blättern zieren.

3.

Ein aufgeweckt Gemüte
Verzaget nicht, wenn scharfer Donner kracht,
Es ankert stets getrost auf seines Schöpfers Güte,
Der mehrmal Last zur Lust und Gift zur Labsal macht,
Ein Zentner Ungeduld ist kein so kräftig Stücke,
Dass er vertilgen könnt ein Quintlein Ungelücke.

4.

Sein eigen Herze fressen
Ist eine Kost, die Fleisch und Witz verzehrt,
Der hat ganz Gottes Macht und Menschen Pflicht
      vergessen,
So sich durch Kummerbrod und Tränenwasser nährt,
Ein leichter Fliegenfuß kann Narren traurig machen,
Und ein gesetzter Geist wird auf den Dornen lachen.

5.

Der Schönheit edles Prangen
Schaut Eifersucht wie Schierlingsblumen an,
Die ungezähmte Lust, was Neues zu erlangen,
Macht, dass das Alte man nicht recht genüßen kann;
Wer ihm Begierd und Geiz lässt Herz und Sinnen
      binden,
Der wird Gebruch und Angst in Lust und Reichtum
      finden.

6.

Ein Herze voller Freude
Heißt scharfes Salz Kanarizucker sein,
Sein Wasser wird zu Wein, sein Garn zu weißer Seide:
Ein bleicher Mondenblick wird ihm zu Sonnenschein;
Wer sich vergnügen kann, schmeckt nichts als
      Amber-Kuchen,
Und Unvergnüglichkeit macht lauter Marterwochen.

7.

Was nutzen Schätz und Güter?
Was hilft uns doch viel Schönheit, Ehr und Pracht?
Vergnügung ist allein das Reichtum der Gemüter;
Der bleibet ewig arm, der stets nach mehrem tracht;
Wem nicht durch Unlustgift des Geistes Kräfte
        schwinden,
Der wird sein Paradies auch in der Wüste finden.

Seid mir nur nicht gar zu traurig

Seid mir nur nicht gar zu traurig,
  Dass die schöne Zeit entflieht,
Dass die Welle kühl und schaurig
  Uns in ihre Wirbel zieht;

Dass des Herzens süße Regung,
  Dass der Liebe Hochgenuss,
Jene himmlische Bewegung,
  Sich zur Ruh begeben muss.

Lasst uns lieben, singen, trinken,
  Und wir pfeifen auf die Zeit;
Selbst ein leises Augenwinken
  Zuckt durch alle Ewigkeit.

JOACHIM RINGELNATZ

Freude

Freude soll nimmer schweigen.
Freude soll offen sich zeigen.
Freude soll lachen, glänzen und singen.
Freude soll danken ein Leben lang.
Freude soll dir die Seele durchschauern.
Freude soll weiterschwingen.
Freude soll dauern
Ein Leben lang.

Frohsinn

Nur die Heiterkeit ist Leben,
   Selbst das Alter wird verjüngt,
Wem der Scherz, der Saft der Reben,
   Jugend lachend wiederbringt,
Der mag manches Jahr noch leben,
   Lust und Frohsinn ihn umschweben.
Und dem Greise selbst gelingt,
   Sich der Sorgen zu entheben;
Nur die Heiterkeit ist Leben,
   Selbst das Alter wird verjüngt.

Sozusagen grundlos vergnügt

Ich freu mich, daß am Himmel Wolken ziehen
Und daß es regnet, hagelt, friert und schneit.
Ich freu mich auch zur grünen Jahreszeit,
Wenn Heckenrosen und Holunder blühen.
– Daß Amseln flöten und daß Immen summen,
Daß Mücken stechen und daß Brummer brummen.
Daß rote Luftballons ins Blaue steigen.
Daß Spatzen schwatzen. Und daß Fische schweigen.

Ich freu mich, daß der Mond am Himmel steht
Und daß die Sonne täglich neu aufgeht.
Daß Herbst dem Sommer folgt und Lenz dem Winter,
Gefällt mir wohl. Da steckt ein Sinn dahinter,
Wenn auch die Neunmalklugen ihn nicht sehn.
Man kann nicht alles mit dem Kopf verstehn!
Ich freue mich. Das ist des Lebens Sinn.
Ich freue mich vor allem, daß ich bin.

In mir ist alles aufgeräumt und heiter:
Die Diele blitzt. Das Feuer ist geschürt.
An solchem Tag erklettert man die Leiter,
Die von der Erde in den Himmel führt.
Da kann der Mensch, wie es ihm vorgeschrieben,
– Weil er sich selber liebt – den Nächsten lieben.

Ich freue mich, daß ich mich an das Schöne
Und an das Wunder niemals ganz gewöhne.
Daß alles so erstaunlich bleibt, und neu!
Ich freu mich, daß ich … Daß ich mich freu.

Morgenwonne

Ich bin so knallvergnügt erwacht.
Ich klatsche meine Hüften.
Das Wasser lockt. Die Seife lacht.
Es dürstet mich nach Lüften.

Ein schmuckes Laken macht einen Knicks
Und gratuliert mir zum Baden.
Zwei schwarze Schuhe in blankem Wichs
Betiteln mich »Euer Gnaden«.

Aus meiner tiefsten Seele zieht
Mit Nasenflügelbeben
Ein ungeheurer Appetit
Nach Frühstück und nach Leben.

Verzeichnis der Autorinnen und Autoren, Texte und Druckvorlagen

Alle mit einem * gekennzeichneten Texte wurden behutsam modernisiert.

ANONYM
24 (1) *Zufrieden sein*
81 (2) *Schwer ist aller Beginn*
82 (3) *Auf dem Weg*
Die deutschen Sprichwörter. Gesammelt von Karl Simrock. Einl. von Wolfgang Mieder. Stuttgart: Reclam, 1988. S. 618 (1), S. 571 (3).
Theoretisch-praktisches Handbuch aller verschiedenen Dichtungsarten, zunächst für die oberen Schulklassen, mit besonderer Hinsicht auf die weibliche Jugend. Hrsg. von J. C. A. Heyse und F. Sickel. Magdeburg: Wilhelm Heinrichshofen, 1821. S. 350. (2)

ARISTOTELES (384–322 v. Chr.)
19 Das höchste aller Güter [Titel vom Verlag]
A.: Nikomachische Ethik. Übers. und hrsg. von Gernot Krapinger. Stuttgart: Reclam, 2017. S. 8 f. (Universal-Bibliothek. 19448.)

MARC AUREL (121–180)
61 (1) *Den Dingen, denen du zugelost bist*
61 (2) *Du hast jenes gesehen?*
M. A.: Wege zu sich selbst. Griech./Dt. Hrsg. und übertr. von Willy Theiler. 3., verb. Aufl. Zürich: Artemis, 1984. S. 141 (1), S. 85 (2).

ROSE AUSLÄNDER (1901–1988)
78 Nicht fertig werden
R. A.: Wieder ein Tag aus Glut und Wind. Gedichte 1980–1982. Gesammelte Werke in sieben Bänden. Hrsg. von Hel-

118   mut Braun. Frankfurt a. M.: S. Fischer, 1986. S. 139. –
© S. Fischer Verlag GmbH, Frankfurt am Main 1986.

MARIA BALDUS-COHEN-OR (1931–2014)
58 Gute Wünsche
M. B.-C.-O.: Gute Wünsche. In: Hoch sollst du leben!: Ge-
dichte zum Geburtstag. Hrsg. von Christine Reinhardt.
München: Sanssouci Verlag, 2009. S. 28. – Mit freundlicher
Genehmigung von Beni Cohen-Or, Bendorf.

WILHELM BUSCH (1832–1908)
55   (1) Will das Glück nach seinem Sinn [Titel vom Verlag]
109 (2) Seid mir nur nicht gar zu traurig* [Titel vom Verlag]
W. B.: Sämtliche Werke. Hrsg. von Otto Nöldeke. Bd. 6.
München: Braun & Schneider, 1943. S. 388. (1)
W. B.: Kritik des Herzens. München: Verlag von F. Basser-
mann, 1886. S. 79. (2)

PAUL CELAN (1920–1970)
89 Leb die Leben, leb sie alle [Titel vom Verlag]
P. C.: Die Gedichte. Neue kommentierte Ausgabe in einem
Band. Mit den zugehörigen Radierungen von Gisèle Celan-
Lestrange. Hrsg. und komm. von Barbara Wiedemann. Ber-
lin: Suhrkamp, 2018. S. 549. – © Suhrkamp Verlag, Berlin
2018.

HILDE DOMIN (1909–2006)
76 Nicht müde werden
H. D.: Gesammelte Gedichte. Frankfurt a. M.: S. Fischer,
1987. – © S. Fischer Verlag GmbH, Frankfurt am Main 1987.

MARIE VON EBNER-ESCHENBACH (1830–1916)
11   (1) *Man sollte nicht sprechen von der Kunst*
81   (2) *Der von der Heerstraße**
105 (3) *Wir sollen nicht nur leben**
M. von E.-E.: Es gibt kein Wunder für den, der sich nicht
wundern kann. Aphorismen. Mit einem Nachw. von Ingrid
Cella. Stuttgart: Reclam, 2021. S. 77 (1), S. 78 (2), S. 79 (3).

HEINZ ERHARDT (1909–1979)
50 Humor
  H. E.: Der große Heinz Erhardt. Hamburg: Lappan, 2009. –
  © Lappan in der Carlsen Verlag GmbH, Hamburg 2009.

CÄSAR FLAISCHLEN (1864–1920)
86 Neu anfangen zu können … [Titel vom Verlag]
  C. F.: Gesammelte Dichtungen. Bd. 1: Von Alltag und Son-
  ne. Stuttgart: Deutsche Verlags-Anstalt, 1921. S. 66 f.

THEODOR FONTANE (1819–1898)
45 (1) Die kleinen Glücke* [Titel vom Verlag]
62 (2) Überlass es der Zeit*
79 (3) *Wer ein Ziel will**
  T. F.: Die Poggenpuhls. Roman. Mit einem Nachw. von Ri-
  chard Brinkmann. Stuttgart: Reclam, 2020. S. 41. (Univer-
  sal-Bibliothek. 14010.) (1)
  T. F.: Gedichte. Hrsg. von Karl Richter. Stuttgart: Reclam,
  1998. S. 74. (Universal-Bibliothek. 6956.) (2)
  T. F.: Briefe. 4 Bde. Hrsg. von Helmuth Nürnberger [u. a.].
  München: Hanser, 1976–82. (3)

SIGMUND FREUD (1856–1939)
23 Glück [Titel vom Verlag]
  S. F.: Briefe an Wilhelm Fließ 1887–1904. Ungek. Ausg.
  Hrsg. von Jeffrey Moussaieff Masson. Bearb. der dt. Fass.
  von Michael Schröter. Transkription von Gerhard Fichtner.
  Frankfurt a. M.: S. Fischer, 1986. S. 320, 484.

JOHANN WOLFGANG GOETHE (1749–1832)
25 (1) *Der ist der glücklichste Mensch*
68 (2) Glückliche Fahrt
96 (3) Willkommen und Abschied*
  J. W. G.: Werke in 12 Bänden. Berlin/Weimar: Aufbau Ver-
  lag, 1981. (1)

120   J. W. G.: Berliner Ausgabe. Poetische Werke. Bd. 1. Hrsg.
       von Siegfried Seidel. Berlin: Aufbau, 1960. S. 47. (2)
       J. W. G.: Die schönsten Gedichte. Ausgew. von Dietrich
       Bode. Stuttgart: Reclam, 1999. S. 9 f. (3)

KATHARINA ELISABETH GOETHE (1731–1808)
15   Ein Rezept fürs Glück*
      Katharina Elisabeth Goethe zugeschrieben.

BALTASAR GRACIÁN (1601–1658)
21   (1) Die Kunst, Glück zu haben
21   (2) Loslassen können, während man vom Glück profitiert
22   (3) Nicht mit dem Glück prahlen*
      B. G.: Handorakel und Kunst der Weltklugheit. Übers. und
      hrsg. von Hans Ulrich Gumbrecht. Stuttgart: Reclam, 2020.
      S. 22 (1), 30 f. (2), 62 f. (3).

CHRISTIAN HOFFMANN VON HOFFMANNSWALDAU
      (1616–1679)
106   Lob der Vergnügung*
      Deutsche Nationalliteratur. Hrsg. von Joseph Kürschner.
      Bd. 36. Stuttgart: Union deutsche Verlagsgesellschaft, [o. J.].
      S. 81 f.

HUGO VON HOFMANNSTHAL (1874–1929)
67   Reiselied
      H. von H.: Gesammelte Werke. Erste Reihe in drei Bänden.
      Bd. 1. Berlin: S. Fischer, 1924. S. 6.

FRIEDRICH HÖLDERLIN (1770–1843)
85   Der Frühling*
      F. H.: Sämtliche Werke. Kleine Stuttgarter Ausgabe. Bd. 2.
      Hrsg. von Friedrich Beissner. Stuttgart: Cotta, 1953. S. 292.

93 Aufmunterung zur Freude*
    L. C. H. H.: Sämtliche Werke. Krit. und chronol. hrsg. von
    Wilhelm Michael. Bd. 1. Weimar: Gesellschaft der Biblio-
    philen, 1914. S. 209 f.

HORAZ (65 – 8 v. Chr.)
13 *Genieß die Gegenwart mit frohem Sinn*
    H.: Sämtliche Werke. Übers. von Dr. Ernst Günther. Leip-
    zig: Voigt & Günther, 1854. S. 91.

FRANZ KAFKA (1883–1924)
25 *Theoretisch gibt es eine vollkommene Glücksmöglichkeit*
79 *Je mehr Pferde du anspannst**
    F. K.: Beschreibung eines Kampfes. Novellen, Skizzen,
    Aphorismen aus dem Nachlaß. Hrsg. von Max Brod. Frank-
    furt a. M.: Fischer Taschenbuch Verlag, 1983.

MASCHA KALÉKO (1907–1975)
112 Sozusagen grundlos vergnügt
    M. K.: In meinen Träumen läutet es Sturm. Gedichte und
    Epigramme aus dem Nachlaß. Hrsg. und eingel. von Gisela
    Zoch-Westphal. München: Deutscher Taschenbuch Verlag,
    1977. – Mit freundlicher Genhemigung von dtv Verlagsge-
    sellschaft mbH & Co. KG.

HEINRICH VON KLEIST (1777–1811)
27 Aufsatz, den sichern Weg des Glücks zu finden, und unge-
    stört, auch unter den größten Drangsalen des Lebens, ihn
    zu genießen!*
    H. von K.: Werke und Briefe in vier Bänden. Hrsg. von
    Siegfried Streller in Zusammenarbeit mit Peter Goldammer
    [u. a.]. Bd. 3: Erzählungen. Gedichte. Anekdoten. Schriften.
    Berlin/Weimar: Aufbau, 1978. S. 433–444.

122 ANGELA KRAUSS (geb. 1950)
  63 Sei ganz ruhig
     A. K.: Ich muß mein Herz üben. Gedichte. Frankfurt a. M. /
     Leipzig: Insel, 2009. S. 69. – © 2009 Insel Verlag, Frankfurt
     a. M. / Leipzig.

MATTHIAS KRÖNER (geb. 1977)
  56 Geburtstagskuchen
     Originalbeitrag. – Mit freundlicher Genehmigung von Mat-
     thias Kröner, Ratzeburg.

DIETER LEISEGANG (1942–1973)
  48 Glücklich und endlich
     D. L.: Lauter letzte Worte. Gedichte und Miniaturen. Hrsg.
     von Karl Corino. Frankfurt a. M.: Suhrkamp, 1980. S. 110. –
     © Suhrkamp Verlag, Frankfurt am Main 1980.

GEORG CHRISTOPH LICHTENBERG (1742–1799)
  24 *Sich recht anschauend**
     G. C. L.: Gedanken. Satiren. Fragmente. Hrsg. von Wilhelm
     Herzog. Bd. 1. Jena: Diederichs, 1907.

MAURICE MAETERLINCK (1862–1949)
  46 *Im Leben verdankt man**
  70 *Erklimme das Gebirge**
     M. M.: Das Leben der Bienen. Jena: Diederichs, 1929.

KURT MARTI (1921–2017)
  57 Glückwünsche
     K. M.: Werkauswahl in fünf Bänden. Zürich/Frauenfeld:
     Nagel & Kimche, 1996. – © 1996 Nagel & Kimche in der MG
     Medien-Verlags GmbH, München.

CHRISTIAN MORGENSTERN (1871–1914)
  16 (1) Glück, so einfach [Titel vom Verlag]
  44 (2) Glück
  53 (3) *Glück?*

91 (4) *Enthusiasmus*
95 (5) ›*Trostlos?*‹
C. M.: Stufen, eine Entwickelung in Aphorismen und Tagebuchnotizen. München: Piper, 1929. S. 34 (1), S. 139 (3), S. 144 (4).
C. M.: Sämtliche Dichtungen. Abt. 1. Bd. 3. Hrsg. von H. O. Proskauer. Basel: Zbinden Verlag, 1973. S. 103. (2)
C. M.: Aphorismen und Sprüche. Ausw. aus dem Gesamtwerk und Nachw. von Margareta Morgenstern. München: Piper, 1960. S. 272. (5)

ERICH MÜHSAM (1878–1934)
17 Ich wollt das Lied des Herzens nicht verschweigen* [Titel vom Verlag]
E. M.: Wüste – Krater – Wolken. Berlin: P. Cassierer, 1914. S. 140.

FRIEDRICH NIETZSCHE (1844–1900)
47 *Vom Stundenzeiger des Lebens** [Titel vom Verlag]
F. N.: Werke in drei Bänden. Bd. 1. Hrsg. von Karl Schlechta. München: Hanser, 1954. S. 708.

JEAN PAUL (1763–1825)
51 (1) *Glücksspiele werden verboten*
98 (2) Das Glück eines schwedischen Pfarrers*
J. P.: Ideen-Gewimmel. Texte & Aufzeichnungen aus dem unveröffentlichten Nachlaß. Hrsg. von Thomas Wirtz und Kurt Wölfel. Frankfurt a. M.: Eichborn, 1996. (1)
J. P.: Werke. Hrsg. von Norbert Miller und Gustav Lohmann. Bd. 2. München: Hanser, 1960. S. 586–591. (2)

WILHELM RAABE (1831–1910)
51 *Jeder Frühlings-Sonnentag*
82 *Alles in der Welt*
W. R.: Notizen und Lebensrückblick. In: Ders.: Gesammelte Werke in drei Bänden. Hrsg. von Hans Jürgen Meinerts. Bd. 3. Gütersloh: Mohn, [o. J.].

124 RAINER MARIA RILKE (1875–1926)

  49 (1) Du musst das Leben nicht verstehen*

  60 (2) Vergiss nie, dir etwas zu wünschen* [Titel vom Verlag]

  77 (3) Notizen zur Melodie der Dinge*

      R. M. R.: Sämtliche Werke. Bd. 1. Erster Teil. Hrsg. vom Rilke-Archiv in Verbindung mit Ruth Sieber-Rilke. Bes. von Ernst Zinn. Wiesbaden / Frankfurt a. M.: Insel, 1955–1966. S. 153. (1)

      R. M. R.: Die Aufzeichnungen des Malte Laurids Brigge. Hrsg. und komm. von Manfred Engel. Stuttgart: Reclam, 1997. S. 75. (Universal-Bibliothek. 9626.) (2)

      R. M. R.: Sämtliche Werke. Bd. 5. Hrsg. vom Rilke-Archiv in Verbindung mit Ruth Sieber-Rilke. Bes. von Ernst Zinn. Wiesbaden / Frankfurt a. M.: Insel, 1955–1966. S. 411. (3)

JOACHIM RINGELNATZ (1883–1934)

  69 (1) Lebensabschnitt*

110 (2) Freude

114 (3) Morgenwonne

      J. R.: Gedichte dreier Jahre. Berlin: Rowohlt, 1932. S. 56. (1)

      J. R.: Das Gesamtwerk in sieben Bänden. Hrsg. von Walter Pape. Bd. 1: Gedichte 1. Zürich: Diogenes, 1994. S. 59. (2)

      J. R.: 103 Gedichte. Berlin: Rowohlt, 1933. S. 11. (3)

FRIEDRICH RÜCKERT (1788–1866)

  59 Glückwünsche* [Titel vom Verlag]

      F. R.: Die Weisheit des Brahmanen, ein Lehrgedicht in Bruchstücken. Leipzig: Weidmann'sche Buchhandlung, 1838. S. 239.

RÜDIGER SAFRANSKI (geb. 1945)

  71 Zeit des Anfangens

      R. S.: Zeit. Was sie mit uns macht und was wir aus ihr machen. München: Carl Hanser 2015. S. 41–50. – © 2015 Carl Hanser Verlag GmbH & Co. KG, München.

18   Das Märchen vom Glück*
H. S.: Neue Farben. München: Albert Langen Verlag für Literatur und Kunst, 1904. S. 10.

FRIEDRICH SCHILLER (1759–1805)
87   Hoffnung
F. S.: Sämtliche Werke. Auf Grund der Originaldrucke hrsg. von Gerhard Fricke und Herbert G. Göpfert in Verbindung mit Herbert Stubenrauch. 5 Bde. München: Hanser, 1962. Bd. 1. S. 216 f.

JOHANN ELIAS SCHLEGEL (1719–1749)
26   Die Kunst, glücklich zu sein
J. E. S.: Werke. Bd. 4. Reprogr. Nachdr. der Ausg. Kopenhagen/Leipzig 1766. Frankfurt a. M.: Athenäum, 1971. S. 143.

ARTHUR SCHOPENHAUER (1788–1860)
80   Der Lebensweg* [Titel vom Verlag]
A. S.: Aphorismen zur Lebensweisheit. Hrsg. von Arthur Hübscher. Stuttgart: Reclam, 1991 [u. ö.]. (Universal-Bibliothek. 5002.)

SENECA (4 v. Chr. – 65 n. Chr.)
70   *Nutze jede Stunde*
95   *Sei dankbar**
S.: Seneca-Brevier. Übers. und hrsg. von Ursula Blank-Sangmeister. Stuttgart: Reclam, 1996.

JOHANN GOTTFRIED SEUME (1763–1810)
65   *Wenn wir nicht von vorne anfangen**
J. G. S.: Sämmtliche Werke. Hrsg. und mit einem Vorw. von Dr. Adolph Wagner. Leipzig: Verlag von Johann Friedrich Hartknoch, 1835. S. 338.

126   ERNST STADLER (1883–1914)
    83 Vorfrühling*
        E. S.: Dichtungen. Bd. 1. Hrsg. von K. L. Schneider. Hamburg: Ellermann, [1954]. S. 123.

CARMEN SYLVA (1843–1916)
    46 (1) *Das Glück ist größer als das Unglück**
  105 (2) *Freude ist das Leben*
        C. S.: Vom Amboß. Bonn: Verlag von Emil Strauß, 1890.
        S. 38 (1), S. 8 (2).

LUDWIG TIECK (1773–1853)
  111 Frohsinn
        L. T.: Gedichte. Neue Ausgabe. Berlin: Reimer, 1841.

HANS-ULRICH TREICHEL (geb. 1952)
    88 Schlimmstenfalls
        H.-U. T.: Gespräch unter Bäumen. Gesammelte Gedichte.
        Ausgew. und mit einem Nachw. von Rainer Weiss. Frankfurt a. M.: Suhrkamp, 2002. S. 27. – © Suhrkamp Verlag, Frankfurt am Main 2002.